AF453572

COMMISSION DES ARCHIVES MUNICIPALES

PLAQUES COMMÉMORATIVES

ET

NOMS DES RUES

VILLE DE BAYONNE

Commission des Archives Municipales
1908-1910

PLAQUES COMMÉMORATIVES

ET

NOMS DES RUES

RAPPORTS ET PROJET DE LA COMMISSION

BAYONNE

Imprimerie LAMAIGNÈRE, A. FOLTZER, successeur

1911

COMMISSION DES ARCHIVES MUNICIPALES

MM. J. GARAT, Maire, Président.

Edouard DUCÉRÉ.

Arnaud DÉTROYAT.

Pierre YTURBIDE.

Jean DARRIGRAND.

Louis LABAT.

PREMIÈRE PARTIE

—

PLAQUES COMMÉMORATIVES

RAPPORT DE M. E. DUCÉRÉ

Monsieur le Maire,

Messieurs les Membres de la Commission
des Archives,

Vous avez bien voulu nous charger d'un rapport
d'ensemble sur les plaques commémoratives qu'il con-
viendrait de placer sur les murailles, les édifices et les
logis de notre cher Bayonne et qui, dans votre esprit,
sont destinées à faire revivre aux yeux de nos conci-
toyens et des étrangers les gloires de notre antique cité.
Mais ce n'est pas sans un embarras extrême, qu'il
nous est possible d'aborder un sujet aussi délicat et
aussi complexe, car c'est vouloir résoudre en quelques
pages l'histoire entière de Bayonne si curieuse et si
peu connue, même aujourd'hui.

Sans vouloir nous permettre ici de vous donner des
conseils pour mener à bien une œuvre de ce genre,

nous devons toutefois vous dire, que selon notre juge-
ment ce n'est pas à l'aide d'une énumération sèche et
dépourvue d'intérêt qu'on peut arriver à décider le
plus ou moins d'opportunité de l'apposition de telle
ou telle inscription. Un travail d'ensemble épuisant
complétement la matière, et donnant toutes les réfé-
rences sur des sujets aussi divers, nécessiterait une
étude de plusieurs mois, et serait même à vrai dire,
une histoire en raccourci, mais complète de Bayonne,
au triple point de vue biographique, historique, et
topographique.

Ce n'est pas ainsi qu'il est procédé dans beaucoup
de villes où les plaques commémoratives sont en très
grand honneur. A Paris, où la Commission Historique
fonctionne depuis de longues années, chacun des membres apporte son projet de plaque, relatant un fait
ou un événement, et il est aussitôt chargé d'un rapport dans lequel il fait valoir, du mieux qu'il lui est
possible, les raisons qui l'ont porté à présenter cette
proposition. Il devrait en être de même parmi nous.
Car dans le cas contraire, préparer une étude d'ensemble, serait jeter les bases d'une entreprise qui, à rai-
son de deux ou trois plaques par an ne serait pas exécu-
tée avant un siècle.

Il n'y a pas seulement des inscriptions à placer
dans l'intérieur de la ville, mais les environs eux aussi
doivent, à notre avis, être compris dans ces souvenirs
d'autrefois. En effet, comment ne pas rappeler les

faits mémorables dont ils ont été le théâtre. Quelle poésie n'auraient pas les radieux paysages, qui entourent notre ville, lorsqu'on rappellerait, en désignant un point bien connu de l'Adour, qu'à peu de distance de sa rive, une corvette française « La Sapho » subit un feu meurtrier de la part des batteries anglaises de Wellington, et quoique répondant coup pour coup, perdit son capitaine et les deux tiers de son équipage.

Comment ne pas se souvenir du point de ce beau fleuve, où la gracieuse princesse Isabelle, fille de don Pedro le Cruel, roi de Castille, détrôné par l'immortel Duguesclin, se noya en faisant une promenade dans un léger bateau. Le lieu où tomba le général Hope, commandant en chef l'armée de blocus en 1814, sous un feu de peloton d'une compagnie du 82e de ligne, mérite bien aussi une mention et donnerait au chemin creux et désert dans lequel il est situé, un charme encore plus grand et plus mélancolique. Pense-t-on que le Château Impérial de Marrac ne mérite pas une inscription ; que Beyris, ancienne maison noble d'un damoiseau du cardinal Godin, et en face de laquelle Napoléon reçut la fatale nouvelle de l'insurrection du 2 mai à Madrid, ne serait pas admirablement décoré par une plaque de marbre ; et ainsi de suite dans une foule de lieux qui emprunteraient une grâce de plus aux souvenirs puissants que l'histoire nous a conservés.

Que dire alors de l'intérieur de la ville elle même qui a vu tant de faits historiques, tant de naissances illustres, tant d'édifices célèbres à divers titres et qui ont déjà disparu. Vous voyez d'ici l'immensité de l'œuvre qu'il faudrait exécuter, pour faire autre chose qu'une simple nomenclature que nous allons cependant essayer, ne serait-ce que pour démontrer combien notre étude est abrégée et imparfaite.

Dans un rapport précédent aussi adressé par nous au maire de Bayonne, nous avions divisé les plaques commémoratives qu'il serait intéressant de placer en trois séries bien distinctes. C'étaient les plaques biographiques, les plaques historiques et les plaques topographiques, Nous commencerons cette rapide énumération par les premières d'entre elles, car elles sont destinées à rappeler le souvenir des habitants de Bayonne qui ont le mieux illustré la petite patrie.

Plaques Biographiques

Dans la rue Port-Neuf, la maison dans laquelle est né le chef de brigade Muscar, le glorieux défenseur d'Ostende. Dans la rue d'Espagne le logis qui a vu naître l'amiral Jauréguiberry. La rue Port-de-Suzée où existe encore la maison du colonel Cassaigne tué devant Sébastopol. Dans la rue Port-de-Castets, la maison de l'amiral Bergeret et des frères Roquebert, dont l'un d'eux capitaine de vaisseau et aide de camp de Napoléon, fut tué au cours d'un combat naval devant Madagascar. La rue Sabaterie, où naquit le capitaine de vaisseau Dubourdieu, tué lui aussi en 1811, au combat de Lissa. La maison Cabarrus, située dans cette rue sombre, étroite, qui s'appelle la rue Lagréou. L'ancien couvent des Augustins, aujourd'hui Saint-Louis-de-Gonzague, et qui était en plein moyen âge, la maison noble dans laquelle naquit le terrible Pès de Puyane. Personne ne peut oublier la maison du célèbre prédicateur de Ravignan et celle de Duvergier de Hauranne, abbé de St-Cyran. Enfin nous terminons cette série en citant, dans la rue des Basques, la maison natale de Haudaudine, le Régulus

nantais et le logis aujourd'hui abattu de cette
Marion Garay, de cette Menigne Saübe-le-bille dont
notre ami M. Louis Labat s'est fait le généreux
champion.

Nous pourrions continuer ainsi pendant bien des
pages. Mais ainsi que nous l'avons déjà dit, il nous sem-
ble qu'une sélection doit être faite, et que chacun de
nous apporte sa pierre à l'édifice auquel nous contri-
buerons tous volontiers.

Plaques Historiques

Avec les plaques historiques, l'horizon s'élargit
encore davantage, car bien souvent il ne s'agit pas ici
de ces petites gloires locales, qui n'intéressent en
quelque sorte que les habitants de notre vieille cité.
Le champ devient plus vaste et touche par bien
des points aux événements historiques les plus consi-
dérables des siècles écoulés. Voici l'hôtel St-Etienne,
l'antique *Fonda San Esteban*, qui a reçu l'empereur
d'Autriche Joseph II, le grand Carnot, le plus
vertueux des conventionnels, la reine Hortense, le
maréchal Masséna, prince d'Essling, et le maréchal
Marmont, duc de Raguse.

Un peu plus loin, c'est l'hôtel de la Division qui a vu
passer dans ses vieilles murailles et dans le même mois
Napoléon, les vieux souverains d'Espagne et le roi
Joseph. En face, le Château-Vieux qui a abrité de si
grands personnages et en si grand nombre qu'il faudrait un volume pour les enregistrer tous. Un maréchal de France y est né, portant le nom glorieux de
Montesquiou d'Artagnan, ce qui n'est pas une mince
gloire pour ses vieilles tours, débris d'un autre âge.

Sur le rempart Lachepaillet, la maison dans laquelle
Victor Hugo enfant a passé plus d'un mois en 1811.
Le palais épiscopal qui a abrité tant de souverains,
depuis la reine Elisabeth de Valois, femme du sombre
Philippe II, jusqu'au prince d'Orléans, fils de Louis-
Philippe.

Voici l'emplacement où s'élevait, il y a peu de temps
encore, le vieil hôtel de Montaut ou Palais royal de
Sainte-Claire, et qui vit successivement passer cette
reine de la beauté qu'on appelait Anne d'Autriche, la
poétique figure de Marie-Anne de Neubourg, le prince
de Condé, le terrible tribunal révolutionnaire de la
Terreur, le général Junot et le duc d'Angoulême.
Dans la rue Gambetta, la maison de Marignan où
logea Louis XIV, allant à Saint-Jean-de-Luz épouser
l'infante Marie-Thérèse. Sur la place Saint-André et
sur l'emplacement même de l'église actuelle, le
collège illustré par Jansénius. Comment ne pas
marquer d'une plaque et d'une inscription le célèbre
couvent des Jacobins, dans la rue Jacques-Laffitte,
et comment oublier cette rue dans laquelle est née
La Montansier, et où fut inventée la baïonnette qui
donna pendant si longtemps la victoire aux armées
françaises.

Nous le répétons, vouloir énumérer tous les lieux
historiques de notre ville, c'est se livrer à un travail
inutile, car il est impossible de les étudier tous à la
fois.

Plaques Topographiques

Ici encore un choix est à faire, car le sujet est des
plus abondants. Quoique notre cité ne soit pas une
ville musée comparable à beaucoup d'autres de la
vieille France, elle a, cependant, possédé quelques
édifices et quelques logis qui n'étaient pas sans mérite
par leur aspect plein de pittoresque et de grâce, et
surtout, par les souvenirs qu'ils rappellent. Nous ne
ferons mention que de quelques-uns.

Le Réduit déjà disparu se rappelle puissamment à
notre souvenir, avec sa vieille capitainerie et sa
majestueuse porte de France, sous laquelle passèrent
comme un torrent les troupes que Napoléon lança à la
conquête de la Péninsule. La place de la Liberté nous
fait souvenir du somptueux carrousel offert en 1565,
par la reine Catherine de Médicis et le roi Charles IX
à la cour d'Espagne. Sur la place Saint-André, on
trouve l'emplacement du couvent des Capucins. A
Saint-Esprit, la commanderie des chevaliers de Saint-
Jean-de-Jérusalem.

Notre vieille enceinte n'est pas sans mérite aux yeux
des connaisseurs et des archéologues, et quelques mots
d'explications seraient sans doute favorablement
accueillis par eux. Il serait possible d'indiquer l'empla-

cement du couvent des Carmes, du Pilori, du « Clos des
Galées », des Allées de Madame, qui ont pris depuis
longtemps un autre vocable, de rappeler les vieux fau-
bourgs qui faisaient une ceinture à l'ancien Bayonne.
En un mot on pourrait appliquer d'une manière indes-
tructible les vers du vieux poète qui disait :

> J'étais là, telle chose m'advint,
> Vous croiriez y être vous-même.

Ainsi, c'est en parfaite communion d'idées avec
M. le Maire et les membres de la Commission, que
nous proposons toute une série d'intéressantes leçons
de choses historiques, sous forme de plaques commémoratives. Placées sur les maisons et les monuments
où se sont passés les faits qu'elles remémorent, elles
feront revivre le vieux Bayonne tour à tour héroïque
ou curieux.

Le texte de ces plaques est soumis à l'examen de
la Commission, il est susceptible de corrections ou de
modifications. Il n'est présenté actuellement que sous
forme de projet.

Nous avons cru aussi devoir classer les inscriptions
dans l'ordre de l'intérêt qu'elles nous paraissent avoir
à ce point de vue encore, la Commission ne fait que
proposer, il appartiendra à l'Autorité Municipale de
procéder à l'installation des plaques commémoratives, en tenant compte des circonstances et des crédits
affectés.

E. DUCÉRÉ.

Bayonne, le 12 février 1910.

LE CHATEAU VIEUX
DE BAYONNE
CONSTRUIT SUR L'EMPLACEMENT
D'UN CASTELLUM ROMAIN,
PAR LE VICOMTE
BERTRAND DE SAULT.
A ÉTÉ HABITÉ PAR
LE ROI DE NAVARRE
ALONSO LE BATAILLEUR (1130),
LE PRINCE NOIR, DUGUESCLIN
LE ROI DE CASTILLE
DON PEDRO LE CRUEL,
LOUIS XI (1468), FRANÇOIS Ier (1529).
CHARLES IX (1565)
LOUIS XIV (1660)
LA REINE D'ESPAGNE
MARIE ANNE DE NEUBOURG (1706)
ET LE GÉNÉRAL
PALAFOX
DÉFENSEUR DE SARAGOSSE
(1809).

EN CES LIEUX

S'ÉLEVAIT AUTREFOIS

L'HOTEL DE MONTAUT

OU PALAIS ROYAL DE SAINTE-CLAIRE

HABITÉ PAR ANNE D'AUTRICHE

(1615)

ET PAR LA REINE D'ESPAGNE

MARIE ANNE DE NEUBOURG

(1718-1762).

LE PALAIS DE LA DIVISION MILITAIRE

ANCIEN HOTEL

DES LIEUTENANTS DE ROI

A REÇU EN 1808 NAPOLÉON 1er

ET LES ROIS D'ESPAGNE

CHARLES IV, MARIE-LOUISE

ET JOSEPH NAPOLÉON.

ANCIEN HOTEL DES MONNAIES
DE BAYONNE

ANCIEN HOTEL

DE SORHAINDO

LIEUTENANT DE MAIRE

OU LOGEA LOUIS XIV

EN 1660.

CETTE TOUR EST L'UNIQUE VESTIGE

DE L'ANTIQUE PORTE DE SAINT-SIMON

OU DE SAINT-LAZARE

QUI CONDUISAIT AU FAUBOURG

DE SAINT-LÉON.

RUE TOUR DE SAULT

CETTE TOUR

QUI APPARTENAIT

A L'ENCEINTE ROMAINE

A ÉTÉ HABITÉE PENDANT DEUX SIÈCLES

PAR

LES EXÉCUTEURS DES ARRÊTS CRIMINELS

DE LA VILLE DE BAYONNE.

LA TOUR DE PIÉMONT

CONSTRUITE PAR ORDRE DE LOUIS XI

S'ÉLEVAIT SUR CE POINT

DÉFENDANT L'ENTRÉE

DU PORT INTÉRIEUR.

SUR CE POINT

S'ÉLEVAIT

LA TOUR DES MENOUS

QUI DÉFENDAIT L'ENTRÉE DE LA RIVIÈRE

ET FUT ENLEVÉE PAR UNE CRUE

DE LA NIVE EN 1690.

CARREFOUR DES CINQ CANTONS

MAISON SALZÉDO

SUR CET EMPLACEMENT

S'ÉLEVAIT LA PORTE MAYOUR

FLANQUÉE DE DEUX TOURS

DÉMOLIE EN 1740.

LA MAISON PELLOT

A SERVI EN 1813

DE QUARTIER GÉNÉRAL

AU MARÉCHAL SOULT

DUC DE DALMATIE.

SUR LA MURAILLE EXTÉRIEURE

DE L'ARSENAL D'ARTILLERIE

RUE DE L'ARSENAL

EN CES LIEUX

S'ÉLEVAIT AUTREFOIS

LE RÉDUIT DE SAINTE CLAIRE

CONSTRUIT PAR VAUBAN.

A L'ANGLE DES RUES DE GOSSE

ET DE LAGRÉOU

ICI S'ÉLEVAIENT

LA TOUR DE NAGUILLE

ET LE COUVENT

DES AUGUSTINS

CONSTRUITS SUR L'EMPLACEMENT

DE L'HOTEL

DE PÉS DE PUYANE

MAIRE ET AMIRAL

DES FLOTTES BAYONNAISES.

3

A L'EXTRÉMITÉ DU PONT PANNECAU

PRÈS DU QUAI DES HALLES

ICI SE TROUVAIT SUSPENDUE

LA CAGE DE FER

QUI SERVAIT A PLONGER TROIS FOIS

DANS LA RIVIÈRE

LES FEMMES BATAILLEUSES

OU MÉDISANTES

CONDAMNÉES PAR LA COUR DU MAIRE.

ICI

SE TROUVAIT LA MAISON OU LOGEA EN 1811

VICTOR HUGO

ALLANT, AVEC SA MÈRE ET SES FRÈRES,

REJOINDRE EN ESPAGNE

SON PÈRE, LE GÉNÉRAL HUGO.

PLACE SAINT-ANDRÉ

ICI S'ÉLEVAIT

LE COLLÈGE

OU JANSÉNIUS ENSEIGNA

DE 1612 A 1614.

LA MAISON DAGOURETTE
A SERVI D'HOSPICE CIVIL
PENDANT TROIS SIÈCLES
SOUS LE VOCABLE
D'HOPITAL SAINT-LÉON
(1520-1860).

ANCIENNE MAISON GODEFROY
QUI A SERVI DE PALAIS ÉPISCOPAL
A Mgr LOISON
PREMIER ÉVÊQUE CONCORDATAIRE
(1804).

ICI SE TROUVAIT LA MAISON

OU NAQUIT

LE CHIMISTE PELLETIER.

EN CETTE MAISON,

ANCIENNEMENT HOTEL DE BELZUNCE,

NAQUIRENT

LÉON DULIVIER

PRÉCURSEUR DE DUPLEIX DANS L'INDE

ET MARIANI,

AMBASSADEUR DE FRANCE A ROME

RUE JACQUES-LAFFITTE

A L'IMPRIMERIE LAMAIGNÈRE

SUR CET EMPLACEMENT S'ÉLEVAIT

AU MOYEN AGE

LE COUVENT DES JACOBINS

ENRICHI

PAR LE CARDINAL GUILLAUME GODIN

BAYONNAIS ILLUSTRE

ICI S'ÉLEVAIT, AU MOYEN AGE,

LA MAISON NOBLE D'ARRIBEYRE

CONNUE SOUS LE NOM

DE TEMPLE DE MARS.

CETTE PLACE

ANCIENNEMENT DÉNOMMÉE DE GRAMONT

A VU EN 1565

LE CARROUSEL

OFFERT PAR CHARLES IX

ET CATHERINE DE MÉDICIS

A ELISABETH DE VALOIS

ET A LA COUR D'ESPAGNE.

ANCIENNE

MAISON PORTENSEIGNE

OU HOTEL DE L'AMIRAUTÉ.

PLACE D'ARMES

ALLÉE DU NORD

ICI S'ÉLEVAIT

EN 1794

L'AUTEL DE LA PATRIE.

L'HOTEL

DE LA CHAMBRE DE COMMERCE

OU MAISON DE BRETHOUS

ET DE CABARRUS

CONSTRUIT EN 1752 PAR MEISSONIER

FUT HABITÉ EN 1808

PAR MARET DUC DE BASSANO

MINISTRE DE NAPOLÉON.

EN CES LIEUX

S'ÉLEVAIT LE COUVENT

DES DAMES DE LA FOI

DEVENU EN 1793

CASERNE DE LA CÉLÈBRE LÉGION

DES CHASSEURS DE MONTAGNES

PUIS TRIBUNAL CIVIL

DE BAYONNE.

LE DOMAINE DE L'ARGENTÉ

CRÉÉ PAR M. DE PINCKEVERT

NÉGOCIANT BAYONNAIS

FUT HABITÉ EN 1808

PAR LE COMTE DE CHAMPAGNY

MINISTRE DE NAPOLÉON.

LE DOMAINE DU BOUDIGAU

CRÉÉ PAR M. DE PINCKEVER

NÉGOCIANT DE BAYONNE

SERVIT DE QUARTIER GÉNÉRAL

AU COMTE CLAUSEL

L'UN DES LIEUTENANTS

DU MARÉCHAL SOULT

DUC DE DALMATIE (1813).

RUE VIEILLE-BOUCHERIE

SUR LA MURAILLE DE L'ANCIENNE PRISON

ICI S'ÉLEVAIT

LA MAISON

DE DUVERGIER DE HAURANNE

ABBÉ DE SAINT-CYRAN.

ICI S'ÉLEVAIT AU MOYEN AGE

LA MAISON DE LA BESIAU

(HOTEL DE VILLE DE BAYONNE)

DÉMOLIE EN 1816.

ANCIEN DOYENNÉ

DE LA COLLÉGIALE

FONDÉE PAR LOUIS XI

EN 1463.

SUR CE POINT

ÉTAIENT SITUÉS

L'ARSENAL DE LA MARINE

ET LES CHANTIERS DE CONSTRUCTIONS

NAVALES

CRÉÉS PAR COLBERT

(1680-1832).

ICI S'ÉLEVAIT

LA PORTE DE SAINT ESPRIT

OU PORTE DE FRANCE

CONSTRUITE PAR L'INGÉNIEUR CURÉ

EN 1660

ET QUI VIT PASSER NAPOLÉON 1er

LA GARDE IMPÉRIALE

ET LA GRANDE ARMÉE (1808).

CETTE MURAILLE

EST TOUT CE QUI SUBSISTE

DE LA COURTINE DES JACOBINS

CONSTRUITE PAR L'ÉVÊQUE DE BAYONNE

RAIMOND DE MARTRES

POUR LA DÉFENSE DU QUARTIER

DU BOURGNEUF

(XIᵉ SIÈCLE).

EN CE LIEU
LE GÉNÉRAL SIR JOHN HOPE,
COMMANDANT EN CHEF
L'ARMÉE ANGLAISE DE BLOCUS,
TOMBA BLESSÉ SOUS UN FEU DE PELOTON
ET FUT FAIT PRISONNIER
PAR UNE COMPAGNIE DU 82e DE LIGNE
LE 14 AVRIL 1814.

ICI

S'ÉLEVAIT LA MAISON DE

MARION GARAY, DITE MENIGNE,

QUI,

POUR AVOIR DÉJOUÉ LES PLANS DES

ESPAGNOLS

CONTRE BAYONNE,

MÉRITA

LE TITRE GLORIEUX DE « SAUBE-LE-VILLE »

CETTE CROIX S'ÉLÈVE

SUR L'EMPLACEMENT DU SANCTUAIRE

DE SAINT LÉON

OÙ TOMBA LE PATRON DE BAYONNE.

L'ÉDIFICE DÉMOLI EN 1552

EN PRÉVISION D'UN SIÈGE

A SERVI

A CONSTRUIRE L'ÉGLISE D'ANGLET.

ICI S'ÉLEVAIT

LE COUVENT DES CAPUCINS

FONDÉ

PAR MADAME ELISABETH DE FRANCE

FILLE DE HENRI IV

ET REINE D'ESPAGNE (1615).

SUR CE POINT SE TROUVAIT

PENDANT LE MOYEN AGE

LA FONTAINE DE COQUANE

INAUGURÉE PAR CONSTANCE

DUCHESSE DE LANCASTRE

FILLE DE DON PÉDRO LE CRUEL

ET REINE DE CASTILLE (1387).

DANS

CETTE RUE SE TROUVAIT

AUTREFOIS

LE COUVENT DES CARMES

QUI SERVIT EN 1793

DE TEMPLE DÉCADAIRE.

ICI S'ÉLEVAIT

LA PORTE MÉRIDIONALE

DES ROMAINS

ANCIENNE PRISON

MUNICIPALE DE MIGNON

DÉMOLIE EN 1816.

LE PONT COURTINE

OU PONT DU GÉNIE

A REMPLACÉ

LE PONT ROUGE

QUI DÉFENDAIT

L'ENTRÉE DE LA NIVE.

ICI ÉTAIT SITUÉ

AU MOYEN-AGE

LE CLOS DES GALÉES

DANS LEQUEL

LA VILLE DE BAYONNE

ABRITAIT

SES NAVIRES DE GUERRE.

LE DOMAINE DE BEYRIS

CONSTITUÉ EN 1330

PAR GUILLAUME,

NEVEU DU CARDINAL GODIN

A ÉTÉ HABITÉ EN 1808 PAR

EMMANUEL GODOY

PRINCE DE LA PAIX.

5

RUE MAUBEC

EN FACE DE L'ENTRÉE DE LA GARE

ICI S'ÉLEVAIENT

AU XIIe SIÈCLE

L'ÉGLISE, LA COMMANDERIE

DE SAINT-JEAN DE JÉRUSALEM

ET L'HOPITAL DES PAUVRES.

BUREAUX DE L'INSCRIPTION MARITIME

AUTREFOIS

HOTEL DE VILLE DE SAINT-ESPRIT.

LA MAISON DE MONTALIBET

EST L'UNIQUE VESTIGE

DE L'ANCIEN

FAUBOURG DE SAINT-LÉON.

ICI SE TROUVAIT

LE TRIBUNAL DU SÉNÉCHAL

ET LA MAISON DU ROI

OU PRISON ROYALE.

EN CES LIEUX

S'ÉLEVAIT

AU MOYEN-AGE

LA GRANDE PIERRIÈRE

MACHINE DE GUERRE

DESTINÉE A DÉFENDRE BAYONNE

EN CAS DE SIÈGE.

ICI ÉTAIT SITUÉ

LE PORT INTÉRIEUR DE LA NIVE

DANS LEQUEL LES ROMAINS

ABRITAIENT LEURS NAVIRES DE GUERRE.

ICI FUT ÉLEVÉ

AU COMMENCEMENT DU XVIIe SIÈCLE

LE MOULIN DE LA VILLE

EN PRÉVISION D'UN SIÉGE.

ICI ÉTAIT PLACÉE

AU MOYEN-AGE

UNE IMAGE POPULAIRE

DE LA VIERGE

SURNOMMÉE

L'IMAGINE DE PANECAU.

PRÈS DE LA CROIX
A L'ENTRÉE DE LA ROUTE D'ESPAGNE

ANCIEN EMPLACEMENT

DE L'HOTELLERIE DANS LAQUELLE

FUT ARRÊTÉ LE CONSPIRATEUR

PÉDRO MUNOS DE MONTILLA

QUI AVAIT MÉDITÉ

DE LIVRER BAYONNE

AUX ESPAGNOLS (1650).

FONTAINE MIRACULEUSE

DE SAINT LÉON

LES PIERRES DU DOME PROVIENNENT

DE LA DÉMOLITION

DU PILORI DE BAYONNE.

LE DOMAINE DE LAUGA

A ÉTÉ HABITÉ EN 1808

PAR CAROLINE BONAPARTE

ET PAR MURAT GRAND DUC DE BERG

PUIS ROI DE NAPLES.

MAISON PATERNELLE
DES LESSEPS.

LA TOUR DE SAULT

DERNIER VESTIGE

DES FORTIFICATIONS CONSTRUITES

AU XIIe SIÈCLE

PAR LES VICOMTES

DE BAYONNE.

LE CHATEAU DE MARRAC

CONSTRUIT VERS 1720

PAR LA REINE

MARIE ANNE DE NEUBOURG

FUT HABITÉ

PENDANT TROIS MOIS EN 1808

PAR NAPOLÉON 1er

ET L'IMPÉRATRICE JOSÉPHINE

IL FUT DÉTRUIT PAR UN INCENDIE

(1825).

DANS CETTE MAISON
EST MORT
LE 22 OCTOBRE 1858
L'ÉMINENT ÉCRIVAIN
AUGUSTIN CHAHO
NÉ A TARDETS
LE 10 OCTOBRE 1811

DANS CETTE MAISON
EST MORT LE 24 MARS 1872
L'HISTORIEN BAYONNAIS
JULES BALASQUE.

L'HOTEL SAINT-ETIENNE

REÇUT EN 1775

L'EMPEREUR D'AUTRICHE JOSEPH II

EN 1792, LE GRAND CARNOT,

L'ORGANISATEUR DE LA VICTOIRE

ET EN 1809

LE MARÉCHAL MASSÉNA

PRINCE D'ESSLING.

CE LOGIS

A VU NAITRE ET MOURIR

LE POÈTE POPULAIRE

JEAN LESCA

AUTEUR DE LA CHANSON DES TILHOLIERS

(1737-1807).

SUR CETTE PLACE

S'ÉLEVAIT

LE FORT DU RÉDUIT

ANCIENNE CAPITAINERIE

DE SAINT-ESPRIT.

SUR L'EMPLACEMENT

DE CETTE FONTAINE

S'ÉLEVAIT LE PILORI

CONSTRUIT EN 1377

AVEC LES PIERRES

PROVENANT

DU CHATEAU DE HASTINGUES

PRIS D'ASSAUT

PAR LES BAYONNAIS.

SUR CE POINT
LE 26 MAI 1573
FUT ASSASSINÉ
ET JETÉ DANS LA RIVIÈRE
PAR ORDRE DU VICOMTE D'ORTHE
GOUVERNEUR DE BAYONNE
MENAUT DANDOINCHE
MEMBRE DU CORPS DE VILLE.

CETTE MAISON

A VU NAITRE

L'AMIRAL BERGERET

ET LE CAPITAINE DE VAISSEAU

FRANÇOIS ROQUEBERT

TUÉ DEVANT MADAGASCAR

(1811).

CETTE MAISON

A ÉTÉ HABITÉE

PAR JOSEPH VERNET

PEINTRE DU ROI

(1759).

DANS CETTE MAISON
EST NÉ
LE CAPITAINE DE VAISSEAU
BARON DUBOURDIEU
MORT GLORIEUSEMENT
AU COMBAT NAVAL DE LISSA (1811).

CETTE MAISON

A VU NAITRE

JOHANES DE SUHIGARAYCHIPY

SURNOMMÉ COURSICQ

UN DES PLUS BRAVES CORSAIRES

DE LOUIS XIV

MORT A PLAISANCE

(TERRE-NEUVE).

CE LOGIS DANGLA

A VU NAITRE

EN 1729

MARGUERITE BRUNET

DITE LA MONTANSIER

CÉLÈBRE ACTRICE

FONDATRICE DU THÉATRE

DU PALAIS ROYAL.

CETTE MAISON

A VU NAITRE

LE CHEVALIER DE LARRETÉGUY

ÉPOUX MORGANATIQUE

DE MARIE-ANNE DE NEUBOURG

REINE D'ESPAGNE.

LE PALAIS ÉPISCOPAL
CONSTRUIT PAR LES ÉVÊQUES
DE BAYONNE
AU COMMENCEMENT DU XIIe SIÈCLE
A ÉTÉ HABITÉ
PAR ELISABETH DE VALOIS
REINE D'ESPAGNE (1565)
PAR LE ROI PHILIPPE V (1701)
ET PAR LES PRINCES D'ORLÉANS.

AU N° 11 DE LA RUE D'ESPAGNE

CETTE MAISON
A VU NAITRE
LE 20 AOUT 1815
L'AMIRAL JAURÉGUIBERRY
MINISTRE DE LA MARINE.

EN CETTE MAISON

NAQUIT

JEAN HAUDAUDINE

SURNOMMÉ

LE RÉGULUS NANTAIS.

CETTE MAISON

A VU NAITRE EN 1799

LE CHEF DE BRIGADE

ARNAUD MUSCAR

QUI DÉFENDIT VICTORIEUSEMENT

OSTENDE

CONTRE LES ANGLAIS.

DANS CETTE MAISON

EST NÉ

LE COMMANDANT CASSOLET

MORT GLORIEUSEMENT

A WATERLOO.

A COTE DE L'HOPITAL DE TOSSE

HÉRITAGE DE SAINT-FORCET

A ÉTÉ HABITÉ EN 1808

PAR LE MARÉCHAL BERTHIER

PRINCE DE NEUFCHATEL

ET UNE PARTIE

DU GRAND ÉTAT-MAJOR GÉNÉRAL

DE NAPOLÉON.

LA MAISON DE DANGLADE

A REÇU

L'EMPEREUR CHARLES-QUINT (1539)

LE DUC D'ALBE (1533)

LE ROI ANTOINE DE BOURBON

ET LA REINE JEANNE D'ALBRET (1534).

A QUARANTE BRASSES

AU LARGE

LE 23 FÉVRIER 1814

LA CORVETTE *LA SAPHO*

SOUTINT UN SANGLANT COMBAT

CONTRE LES BATTERIES

ANGLAISES DE BLAMPIGNON

LE CAPITAINE

RIPAUD DE MONTAUDEVERT

FUT TUÉ

AVEC QUARANTE MARINS DE L'ÉQUIPAGE.

DANS CET HÉRITAGE

D'HUIRE NAQUIT

LE CARDINAL LAVIGERIE.

DEUXIÈME PARTIE

NOMS DES RUES

RAPPORT

Présenté à Monsieur le Maire de Bayonne

AU NOM DE LA COMMISSION DES ARCHIVES,

SUR LES DÉNOMINATIONS DES RUES

Monsieur le Maire,

Dès la première séance de la Commission des Archives reconstituée par vos soins, vous avez bien voulu poser devant la Commission la question de savoir s'il n'était pas étrange de voir manquer certains noms à la désignation des rues de Bayonne, et s'il n'y avait pas lieu de reviser les dénominations actuelles dans un esprit de justice plus large pour les souvenirs et les gloires de la cité.

I

Imaginons un étranger, un curieux, venu pour la
première fois à Bayonne. Il s'est renseigné. Il a con-
sulté tout au moins Joanne ou Baedeker. Il a lu que
Bayonne était une ville d'histoire, tour à tour romaine,
sarrazine, anglaise, avant de devenir française, et qui
a subi plusieurs sièges sans connaître la chute, ni la
capitulation. On lui a dit les noms de quelques Bayonnais illustres : il a tout frais encore à la mémoire
ceux de Duvergier de Hauranne, de Pelletier, de
Cabarrus, de Muscar, de Baroilhet, de Lavigerie, de
J. J. Weiss, de bien d'autres. Tout cela, il va sans doute en retrouver la trace à l'angle de chaque rue. Tout
ce passé va instantanément sortir des pierres, et, pour
ainsi dire, s'inscrire devant ses yeux sur des plaques
d'émail ou de marbre dès sa sortie de la gare.

Il franchit les ponts. Une rue le sollicite, étroite,
haute et fraîche : vraie rue de place forte comprimée
par la muraille extérieure, vraie rue du Midi qui se
ferme au soleil. C'est la primitive voie lapurdane,
devenue et restée pendant des siècles la rue du Pont-
Majour, *la Via Major* des Romains. Il lève les yeux vers
la plaque indicatrice, et il lit : « Rue Victor-Hugo ».

Poursuivant son chemin, il tourne sur sa droite.
Le voici dans la rue que traversait jadis l'« orbe » de
la ville. La plaque lui dit : « Rue Gambetta ». Il
arrive au Château-Vieux. Devant ce contemporain

de nos plus antiques fastes, voisinant, d'un bord de
chaussée à l'autre, avec l'ancien hôtel de nos gouver-
neurs, il s'avise qu'il est... rue Thiers. La rue Thiers le
mène au théâtre. Deux pas encore : il sera sur la place...
de la Liberté. Il aura fait le tour de la principale agglo-
mération bayonnaise, et de la plus centrale, sans qu'un
nom de rue lui ait fourni aucun indice de ce que
Bayonne a pourtant à lui apprendre. Il aura pu, à ne
voir que les inscriptions des murs, se croire dans n'im-
porte quelle ville sans patrimoine, sans tradition sécu-
laire, je dirai sans physionomie, si l'on veut admettre
que les noms concourent à la physionomie des rues
et des villes, comme Balzac affirmait qu'ils concourent à la physionomie des gens.

II

Osons l'avouer : c'est toujours un geste fâcheux
quand, dans une minute d'émotion sentimentale à
l'égard d'un homme qui ne nous appartient pas en pro-
pre, cet homme se recommandât-il d'ailleurs à notre
admiration par mille titres, nous grattons sur un coin
de rue un nom strictement local pour y substituer le
sien. Tel est, Monsieur le Maire, le premier point sur
lequel s'est unanimement accordée la Commission des
Archives. Qu'un grand écrivain, un grand citoyen,
un grand politique vienne à disparaître, les regrets pu-
blics sont sans doute nos regrets, ils ne sont point spé-
cialement les nôtres : nous n'avons point envers lui

de dette privée; sa mémoire n'attend pas de nous un
hommage que nous n'avons pas qualité pour lui rendre, et qui, de notre part, risque de paraître ou chétif
ou ambitieux, sans compter qu'il a des chances d'être
viager : car ce qu'une impulsion a fait, une impulsion
peut le défaire. Cet hommage, d'ailleurs, nous ne le lui
rendons qu'au détriment de mémoires peut-être moins
éclatantes, mais plus apparentées à nos souvenirs, et
qui sont nos créancières immédiates pour le bénéfice
moral que nous retirons d'elles. Il ne profite point à
celui qui le reçoit, et il fait tort à d'autres.

Par surcroît, il nous fait tort à nous-mêmes. Une
ville doit se connaître. Pour qu'elle se connaisse, il
n'est pas indifférent qu'elle se confronte à chaque
instant et partout avec ses annales. Elle y prend
conscience de son individualité et de sa permanence;
elle y rencontre des exemples qui sont des stimulants
d'énergie; elle y vérifie le sens exact et continu de son
effort; elle y trouve une direction pour son activité
future. Plus que nous n'y prenons garde, notre ville
agit sur nous de toutes ses forces secrètes qui sont
aussi les plus puissantes quand, au moindre tournant
de voie publique, elle nous propose un fait local, une
date locale, le nom d'un homme sorti d'entre nous,
comme une leçon de volonté, d'initiative ou d'héroïsme.

Est-ce à dire que nous pratiquions un jaloux parti-
cularisme? Non certes! Tout apport extérieur nous
est le bienvenu dès lors qu'il se justifie. Un Louis de

Foix, s'en revenant de bâtir l'Escorial, prend en pitié
le port de Bayonne privé de son fleuve, et d'un tour
de main géant lui restitue l'Adour enlisé dans les
sables de Capbreton; une Marie-Anne de Neubourg,
que les hasards de la politique ont reléguée à Bayonne,
y promène dans l'aventure, durant trente-deux ans,
son âme impétueuse et futile; un Excelmans,

> Achille de cette Iliade
> Qu'Homère n'inventerait pas,

vient s'engager chez nous dans ce qu'on appelait
alors les nœuds de l'hymen, s'installe à Bayonne, et
y devient — lui, général de cavalerie, — colonel de la
garde nationale à pied, en attendant que le second
empire le fasse maréchal de France; un Victor Hugo
enfant, transporté brusquement des Feuillantines sur
un balcon de vieille maison bayonnaise, y passe ses
jours dans l'extase à écouter les histoires que lui lit
une petite fille, et qu'il n'entend pas à cause du bruit de
son cœur; un Albert Glatigny, poète de Roman Comi-
que égaré dans le siècle de Napoléon III, et souffleur au
théâtre de Bayonne parce qu'il n'y a plus de mou-
cheurs de chandelles, sort un soir de sa boîte pour
laisser tomber sur la scène un petit chef d'œuvre que
ramassera plus tard l'Odéon : voilà des faits et des
noms qui peuvent ne tenir que fortuitement à notre
histoire; nous les en estimons inséparables, nous les y
annexons volontiers, et ils nous plaisent à évoquer.

III

M. Jules Claretie rappelait récemment la très belle lettre écrite par Quicherat, le savant historien de Jeanne d'Arc, à Etienne Arago, maire de Paris, quand, au lendemain du 4 Septembre, celui-ci eut pris un arrêté pour la revision des noms donnés aux rues sous le second empire :

« En ma qualité d'expert dans les choses qui concernent les antiquités de Paris, je profite de la circonstance, disait Quicherat, pour demander le rétablissement pur et simple de ces dénominations anciennes auxquelles ont été substitués, non seulement les noms de tant de personnages obscurs ou indignes du premier et du second empire, mais même ceux de beaucoup d'hommes utiles et justement célèbres.

« Les noms des rues, aussi bien que ceux des villes, appartiennent à l'Histoire. Ils ont été créés le plus souvent par le peuple et rappellent presque toujours des faits intéressants.

« De plus, ils sont consignés dans une infinité d'actes authentiques, de même dans des monuments littéraires dont leur changement rend l'intelligence impossible à moins d'une recherche que ne peut faire le premier venu.

« Enfin, en baptisant les rues comme on a fait, on a mis les écrivains qui auront à en parler dans la nécessité de les appeler par leur nom ancien, c'est-à-dire

par un nom qui ne dira rien à l'esprit des lecteurs, ou
bien d'accoupler des termes dont la rencontre consti-
tuera de bizarres anachronismes. Quoi de plus ridicule,
par exemple, que d'avoir à dire que le connétable Oli-
vier de Clisson fut l'objet d'une tentative d'assassinat
dans la rue de Sévigné, ou que Racine demeura successivement dans les rues Visconti et Champollion?

« Il n'est raisonnable de donner des noms nouveaux
qu'aux voies nouvelles, et c'est une tentative insensée
de vouloir qu'une ville qui a quinze cents ans de célé-
brité ne rappelle à la mémoire que les choses et les
hommes d'aujourd'hui ou d'hier. »

Les sentiments qui ont dicté cette lettre sont les
mêmes qui inspirent votre Commission des Archives :
souffrez, Monsieur le Maire, qu'elle ose se prévaloir
de l'autorité d'un Quicherat pour vous dire que si,
à l'heure actuelle, Bayonne doit nécessairement se
transformer et s'accroître, la circonstance se prête
d'autant mieux pour l'édilité bayonnaise à restaurer
la physionomie de l'ancienne ville, et à la fixer.

La Commission a joint à ce rapport un tableau des
modifications qu'elle propose aux dénominations
actuelles. Dans l'attribution des noms, elle a tenu
compte, autant que possible, de la vérité non
seulement historique, mais topographique. Pour n'en
donner qu'un exemple, les diligentes recherches de
M. Ducéré sur le premier séjour de Victor Hugo à
Bayonne ayant démontré que la gracieuse idylle de

1811 avait eu pour cadre la partie du rempart
Lachepaillet parallèle à la rue des Faures, il nous a
paru rationnel que cette partie prît le nom de Victor
Hugo ; d'autant que nous y trouvions l'avantage de
rendre à la rue Victor Hugo actuelle sa dénomination
presque immémoriale de rue du Pont-Majour. Il n'y a
pas jusqu'au soin de l'étymologie qui n'ait arrêté notre
attention sur des noms gascons à forme aussi pittoresque que ceux de Panecau et de Tombe-l'Oli.

Sans y insister, la Commission vous signale le fait
que dans certaines villes l'usage commencerait à
s'établir, d'ajouter aux noms propres, sur les plaques des rues, une brève mention justificative. On
conçoit que par là les rues d'une ville sont vraiment
ce qu'elles doivent être pour l'étranger qui regarde et
et interroge : les feuillets d'un registre ouvert à tout
venant. Notre livre n'est pas grand ; sachons lire dans
notre livre.

Enfin, la Commission n'a pas entendu vous présenter ici un travail total et définitif, mais seulement vous
communiquer quelques impressions, vous proposer
un principe, vous suggérer une méthode. L'œuvre à
entreprendre ne saurait être, naturellement, celle d'un
jour. Elle doit tenir compte de l'inconvénient qu'il y
aurait à bouleverser d'un coup trop d'habitudes. Des
raisons de prudence et de bonne administration tout
ensemble commandent qu'en ce qui concerne la
vieille ville le retour aux anciens noms se fasse

selon une progression continue, mais patiente et judicieuse.

Et quant à la cité moderne qui, par delà les fortifications déclassées, élabore déjà ses rues et ses avenues, notre histoire a de quoi pourvoir, tout au moins dans le début, aux désignations des voies nouvelles; car elle est assez riche en réserves! Ainsi la ville de demain prolongera sans solution de continuité celle d'hier; et toutes deux se fondront dans l'unité morale. Par les brèches des remparts, au-dessus des fossés transformés en jardins de verdure, c'est le passé lui-même de Bayonne qui s'en ira faire accueil à son avenir.

Nous vous prions d'agréer, Monsieur le Maire, nos sentiments de haute considération.

Louis LABAT.

NOMS ACTUELS	NOMS ANCIENS.	NOMS PROPOSÉS	NOTICES EXPLICATIVES
Rue Victor-Hugo.	Rue Pont-Mayou. Rue Chégaray.	Rue Pont-Mayour.	Nom qu'elle a porté pendant plusieurs siècles à cause du Pont-Mayour auquel elle aboutissait.
Rue Argenterie.	Rue des Argentiers.	Rue des Argentiers.	Son véritable nom, qui lui vient de la corporation des orfèvres et des argentiers.
Rue d'Espagne.	Rue Mayou. Rue de la République. Rue des Tendes.		
Quai Pont-Mayou.	Quai Pont-Mayou.	Quai Dubourdieu.	Capitaine de vaisseau. Né à Bayonne. Tué devant Lissa dans un combat naval contre les Anglais, à la tête d'une escadre Française (1811).
Quai des Halles.	Quai Napoléon III.		
Quai des Basques.	Quai des Basques.		
Place de la Liberté.	Place du Piémont. Place Gramont.		
Rue Bernède.	Rue Bernède.		
Rue Vainsot.	Rue Vainsot.		
Rue Thiers.	Rue du Vergier. Rue des Tanneries. Rue du Gouvernement.	Rue des Gouverneurs.	Les sièges des divers Gouvernements s'y trouvaient réunis. Le Gouverneur de Bayonne. Le Lieutenant de Roi et le Subdélégué de l'Intendance.
Place Jacques-Portes.	Place des Lombs.		

			et fonda le Théâtre du Palais-Royal, à Paris.
Place d'Armes.	Place d'Armes.		
Rue Lormand.	Rue de la Goasque. Rue du Graouillats.		
Rue Port-Neuf.	Rue Port-Neuf.	Rue du Port-Neuf.	
Rue des Carmes.	Rue des Carmes.		
Ruelle Port-Neuf.	Ruelle Port-Neuf.	Impasse Port-Neuf.	
Rue Gambetta.	Rue Orbe. Rue Franklin. Rue Orbe.	Rue Orbe.	Nom qu'elle a porté pendant plusieurs siècles du mot latin Orbis, à cause du contour de l'enceinte Romaine dont elle marquait l'extrême périmètre.
Ruelle Gardin.	Ruelle Gardin.	Ruelle Cardin.	
Cinq-Cantons.	Cinq-Cantons.	CARREFOUR DES CINQ CANTONS.	
Rue de la Monnaie.	Rue Neuve.		
Place Notre-Dame.	Place Publique. Place du Marché. Place de la Réunion.	Place Publique.	(Ancien nom). Là se trouvaient, l'Hôtel de Ville, le marché public, et le tribunal de l'Échevinage.
Rue Notre-Dame.	Rue Notre-Dame.		
Rue de l'Évêché.	Rue de l'Évêché.		

NOMS ACTUELS	NOMS ANCIENS	NOMS PROPOSÉS	NOTICES EXPLICATIVES
RUE DE L'OUEST.	RUE DE L'ABESQUE. RUE OUESQUE.	RUE DE L'ABESQUE.	ou de l'Évêque, son ancien nom.
RUE DES PRÉBENDÉS.	RUE DE SAUBIST.		
RUE DES FAURES.	RUE DES FAURES.		
RUE DOUER.	RUE DOUER.		
RUE MONTAUT.	RUE DES HASTERS.	RUE DES HASTIERS.	Ancien nom (jusqu'au XVIeme siècle) Fabricants de bois de lances qui formaient une puissante corporation, et envoyaient leurs produits en France, en Allemagne et en Italie. (Ils devinrent plus tard les *Avironniers* et émigrèrent dans la rue Pont Traversant).
RUE VIEILLE-BOUCHERIE.	RUE DE LA CARNICERIE.		
RUE SABATERIE.	RUE DES SABATERS. RUE DESTIBAUX.	RUE DES SABATERS.	ou Cordonniers, qui y demeuraient et dont le commerce s'étendait sur tout le midi de la France.
RUE DELUC.	RUE DAUSSE.	RUE DE LUC.	
RUE TOUR-DE-SAULT.	RUE DE LA PUSTERLE. RUE FRANCHE-COMTÉ.		
RUE PASSEMILLION.	RUE DES PITARRERS.	RUE DES PITARRERS.	Marchands de cidre ou *pitarre* qui y étaient établis autrefois.
PLACE DES VICTOIRES	PLACE DES FOURS		

RUE LAGRÉOU.	RUE CUL DE PÉRÉ.	RUE DE LAGRÉOU.	gros bourgeois Bayonnais, Echevin. Ou de l'Agreu, mot gascon désignant le verjus, dont le commerce était établi dans cette rue.
RUE GOSSE.	RUE DES SEIGNAUX.	RUE GOSSE.	
RUE DES AUGUSTINS.	RUE STE CATHERINE. RUE DE LA PLACHOTTE.		
RUE DES BASQUES.	RUE DES BASQUES.		
RUELLE DES BASQUES.	RUELLE DE CAPPAROZE	RUELLE DE CAPPAROZE.	(ancien nom) à cause de la famille Capparoze qui y possédait une maison.
RUE POISSONNERIE.	RUE SAUBAIGNAC. RUE DES MERCIERS.	RUE DE LA POISSONNERIE.	
RUE SALIE.	RUE DE LA SALIE.	RUE DE LA SALIE.	
RUE DE LA CATHÉDRALE.	RUE PORT-DE-SUZAYE RUE PILORI.	RUE DU PILORI.	(ancien nom) Le Pilori était situé près de la Cathédrale, et rappelait pendant plusieurs siècles le droit de haute justice de la Ville.
RUE PORT-DE-CASTETS.	RUE PORT-DE-CASTETS.	RUE DU PORT-DE-CASTETS.	
RUE GUILHAMIN.	RUE PORT-DE-SUZAYE.	RUE DU PORT DE SUZEYE.	vieux mot gascon qui désignait la marée haute des eaux de la Nive.
RUE DES HALLES.	RUE DES HALLES.	RUE CASSAIGNE.	Le Colonel Charles-Philibert Cassaigne, né dans cette rue, et tué à Malakoff.

NOMS ACTUELS	NOMS ANCIENS	NOMS PROPOSÉS	NOTICES EXPLICATIVES
REMPART LACHEPAILLET.	ALLÉES DE MADAME.	ALLÉE DE MADAME. REMPART VICTOR-HUGO. REMPART LACHEPAILLET.	du Château-Vieux à la rue des Prébendés *Allées de Madame* ancien vocable rappelant le séjour de Marguerite de Navarre, sœur d'Henri IV au palais Épiscopal. de la rue des Prébendés à la Rue d'Espagne *Rempart Victor-Hugo* en mémoire du poète qui habita ce quartier en 1811, quand, avec sa mère et ses frères il allait rejoindre en Espagne, son père le Général Hugo.
PLACE DU CHATEAU-VIEUX.	PLACE DU CHATEAU-VIEUX	PLACE D'ARTAGNAN.	
RUE MILITAIRE.	RUE MILITAIRE.		
PLACE MONTAUT.		PLACE MONTAUT.	

PETIT=BAYONNE

NOMS ACTUELS	NOMS ANCIENS	NOMS PROPOSÉS	NOTICES EXPLICATIVES
RUE BOURG-NEUF.	RUE BOURG-NEUF. RUE DES CAPUCINS.		
QUAI DE L'ENTREPOT.	QUAI DE L'ENTREPOT.	QUAI DES CORSAIRES.	c'est là qu'ils se réunissaient et que se trouvaient leurs chantiers de construction.
QUAI GALUPERIE.	QUAI GALUPERIE.	QUAI DU CAPITAINE CROISIC	un des plus vaillants corsaires du règne de Louis XIV, fut tué devant Terre-Neuve, sa tombe existe au cimetière de Plaisance, à Terre-Neuve.

Allées Boufflers.	Allées Boufflers.	Allées de Boufflers.	
Rue Frédéric-Bastiat.	Rue Frédéric-Bastiat.		
Rue Jacques-Laffitte.	Rue Jacques-Laffitte.		
Place du Réduit.	Place Bourgeois. Place de la Croix.		
Rue des Lisses.	Rue Le Pelletier. Rue du Collège.	Rue Le Pelletier.	Chimiste célèbre né dans cette rue.
Rue Marengo.		Rue du Pont Traversant.	Ancien nom qu'elle a porté pendant plusieurs siècles à cause d'un petit pont (ou *pontric*) qui traversait la rue et était jeté sur un canal séparant les quartiers Bourgneuf et Pannecau.
Rue Sauriole.	Rue de la Flamande.		
Rue Marsan.	Rue Marsan.		
Rue Galuperie.	Rue Galuperie.	Rue de la Galuperie.	
Rue du Trinquet.	Rue Maubeg. Rue du Jeu de Paume.		
Rue de la Visitation.	Rue de la Visitation.		
Rue des Tonneliers.	Rue des Tonneliers.		
Rue Pontriques.	Rue du Pontic.		

NOMS ACTUELS	NOMS ANCIENS	NOMS PROPOSÉS	NOTICES EXPLICATIVES
RUE PANNECAU.	RUE PANNECAU. RUE MARAT.	RUE PANECAU.	
RUE CHARCUTIÈRE.	RUE CHARCUTIÈRE.		
RUE DES CORDELIERS.	RUE DU BARAD.		
PLACE DE L'ARSENAL.	PLACE DE LA RAMADE.	PLACE DES LISSES.	Anciennes barrières dressées devant la fortification du Moyen-âge : (elles entouraient les fossés du Château-Neuf).
RUE DE L'ARSENAL.	RUE SAN BÉNÉDIC.	RUE VAUBAN.	en souvenir du célèbre ingénieur qui fortifia Bayonne et construisit la Citadelle.
RUE TRAVERSANTE.	RUE TRAVERSANTE.	RUE MENIÑE-SAUVE-LA-VILLE.	Surnom donné à Marie Garay, qui découvrit la conspiration des Espagnols contre Bayonne.
RUE DU RÉDUIT.			

SAINT=ESPRIT (Jean=Jacques Rousseau en 1793)

NOMS ACTUELS	NOMS ANCIENS	NOMS PROPOSÉS	NOTICES EXPLICATIVES
RUE MAUBEC.	RUE MAUBEC.	RUE MAUBEC. AVENUE DU XIV AVRIL.	(jusqu'au pavé) de l'ancienne famille *de Maubec*. (à son extrémité vers St-Etienne) en souvenir de la sortie du (14 avril 1814).
QUAI DE LESSEPS.	QUAI DE LAVOIE.		
QUAI BERGERET.	QUAI BERGERET.	QUAI AMIRAL BERGERET.	Marin du 1er Empire.

Place St-Esprit.	Place J.-J. Rousseau.		
Rue du Chateau.	Rue du Chateau.		
Rue de l'Escanet.	Rue de l'Escanet.		
Rue Doyenné.	Rue Doyenné.	Rue du Doyenné.	Doyenné de l'ancienne collégiale fondée par Louis XI, en 1563.
Rue Hugues.	Rue Hugues.		
Rue de Graouillats.	Rue de Cathelinon.		
Rue Ste-Ursule.	Rue de Sigre.		
Rue Neuve.	Rue Neuve.	Rue de Cabarrus.	(du comte Gabarrus), né à Bayonne en 1730, Ministre en Espagne sous Charles IV et Joseph Napoléon.
Rue Ste Catherine.	Rue Ste-Catherine.		
Rue du Couvent.	Rue du Couvent.		
Rue du Moulin.	Rue du Moulin.		de l'ancien moulin de Castel-Boyer, situé près de là.
Boulevard Jean-d'Amou	Boulevard Jean-d'Amou		d'un Lieutenant de roi à Bayonne avant 1789.
Rue Bergeret.	Rue Bergeret.	Rue Barroilhet.	en souvenir du Célèbre chanteur.

NOMS ACTUELS	NOMS ANCIENS	NOMS PROPOSÉS	NOTICES EXPLICATIVES
Rue de l'Abattoir.	Rue de l'Abattoir.	Rue de Ravignan.	Célèbre prédicateur dont la famille possédait les terrains que la rue traverse aujourd'hui.
Rue de l'Esté.	Rue de l'Esté.		
Rue de l'École.	Rue de l'École.	Rue Camille Delvaille.	Philantrope, Créateur de nombreuses œuvres de bienfaisance.
Rue de Belfort.	Rue de Belfort.	Rue du Brigadier Muscar	né à Bayonne, défendit Ostende contre les Anglais avec un admirable héroïsme.
Boul^d Alsace-Lorraine.	Boul^d Alsace-Lorraine.		
Boulevard de l'Église.	Boulevard de l'Église.	Boulevard du Cardinal Lavigerie.	enfant de Bayonne, Archevêque d'Alger et de Carthage.
Rue de la Cabotte.	Rue de la Cabotte.		
Rue Tombe-l'Oli.	Rue Tombe-l'Oli.		
Passage Ste-Catherine.	Passage Ste-Catherine. Baléne dou Guignou.	Baléne dou Guignou.	d'un personnage, célèbre dans le quartier par ses grimaces.
Place Ste-Ursule.	Place Ste-Ursule.	Place du Commandnat Cassolet.	engagé volontaire en 1792, fut chef d'escadron, tué à Watterlo, après avoir fait toutes les campagnes de l'Empire.
Rue (de 12 Mètres) non dénommée		Rue Duvergier de Hauranne	abbé de St-Cyran né à Bayonne au XVIe siècle.

RUE (DE 8 MÈTRES) non dénommée		RUE JEAN-JACQUES WEIS.	écrivain et critique, né à Bayonne.
BOULEVARD DE L'ABATTOIR		BOULEVᵈ JAURÉGUIBERRY.	amiral et ministre de la Marine, né à Bayonne.
BOULEVARD DU CHEMIN DE FER OU DU CANAL.		BOULEVARD DE CASTEL-BOYER.	de l'ancien moulin noble, dont les vestiges subsistent encore dans ce quartier.
PLACE DE LA COURSE.			
RUE DU CANAL.		RUE BOURBAKI.	
PONT ST-ESPRIT.			
PONT MAYOU.			
PONT MARENGO.			
PONT PANNECAU.		PONT PANECAU.	
PONT DU GÉNIE.		PONT COURTINE.	

LETTRE

Adressée par la Commission à Monsieur le Maire de Bayonne, sur les Voies publiques

non dénommées

Monsieur le Maire,

Au cours de ses travaux, la Commission a été amenée à constater que plusieurs voies nouvelles et quelques rues anciennes ne portent pas de noms. Elle a l'honneur de vous proposer les appellations suivantes pour combler cette lacune :

L'impasse de la rue Poissonnière,	Impasse des Merciers.
De la Porte d'Espagne au Lycée,	Avenue de Marrac.
La place d'entre les rues Montaut, Douer et Sabaterie,	Place Anne de Neubourg.
Des Allées-Marines aux Capucins,	Avenue Dubrocq.
Des Allées-Marines à Bénac,	Chemin d'Anglade.
Le chemin des Pontots,	Route d'Anglet.
De la Croix Lachepaillet à Anglet.	Avenue de Biarritz.
De la Porte St-Léon à la Croix Lachepaillet,	Avenue St-Léon.
De l'Adour à la place de l'Arsenal d'Artillerie,	Avenue Jansénius.
De la porte Mousserolles à Camp-de-Prats,	Avenue de la Ferronnays.
De la voie ferrée au château Caradoc.	Chemin du Cap-de-l'Esté.
Du château Caradoc au monument de 1814,	Avenue Thouvenot.
Petite place devant le Château à Saint-Esprit.	Place de Liposse.

De plus, et en prévision des quartiers neufs qui pourront s'élever sur les terrains militaires déclassés, la Commission a jugé utile d'établir une liste des Bayonnais notables ou des bienfaiteurs de notre Ville dont les noms méritent d'être conservés :

ERRARD, de Bar-le-Duc, ingénieur célèbre, a élevé une partie des fortifications ;

FURTADO, maire et bienfaiteur de la ville ;

PESONNAZ, POYDENOT, BALHAIRE, SOURRIGUES, bienfaiteurs de la ville ;

ALARD, violoniste ;

BARROILHET, chanteur ;

ROQUEBERT, François, officier de marine, tué à Madagascar ;

RAVIGNAN, orateur ;

LESPÈS, amiral ;

DE FOIX, Louis, ingénieur, constructeur des quais de la Barre ;

Cardinal GODIN, né à Bayonne, contribua par ses largesses à l'achèvement de la Cathédrale.

Veuillez croire, Monsieur le Maire, à l'assurance de nos sentiments très dévoués.

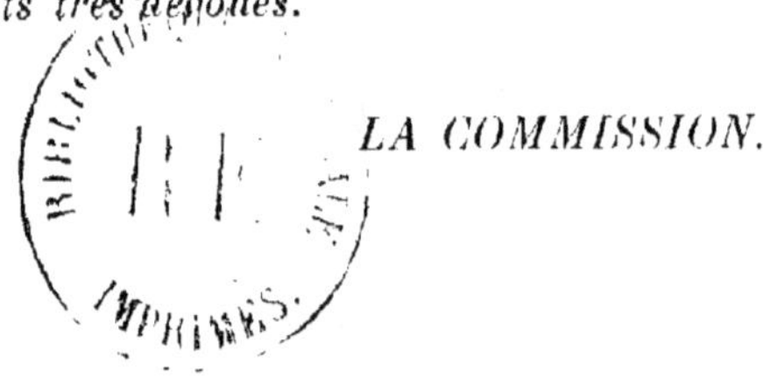

LA COMMISSION.

BAYONNE, IMPRIMERIE A. FOLTZER, RUE JACQUES-LAFFITTE

www.ingramcontent.com/pod-product-compliance
Lightning Source LLC
LaVergne TN
LVHW021851170726
843503LV00003B/1177